SOUVENIR

DE

LA MISSION

D'ARLANC.

Par Mlle ***.

Ambert,
IMPRIMERIE DE GRANGIER, LIBRAIRE.

1840.

SOUVENIR

DE LA

MISSION D'ARLANC.

Ils sont partis nos bons Missionnaires, emportant avec eux nos regrets, et nous laissant des souvenirs qui, sans doute, seront durables. Mais si le soldat vainqueur à une journée mémorable raconte ses exploits avec délices, pourquoi n'essayerions-nous pas de rappeler aussi ces jours de sainte victoire, où la Religion obtint un triomphe éclatant ? pourquoi n'en transcririons-nous pas les détails sur ces feuilles, qui, toutes fragiles qu'elles sont, pourront encore porter à nos neveux cette branche verdoyante de paix et d'espérance que nous reçûmes les premiers, comme gage de réconciliation entre Dieu et nous tous, pauvres convertis de la Mission ?

Si la Mission n'a pas ramené tout le monde, elle a détruit toutes les préventions et jeté dans les âmes une semense qui naîtra tôt ou tard, fécondée par la grâce et par les soins de notre bon Curé. C'est bien à lui, après Dieu, que nous sommes redevables d'un si grand bienfait. Occupé exclusivement, depuis quatre ans qu'il est au milieu de nous, de tout ce qui peut contribuer à notre salut, après avoir employé lui-même tout ce que son zèle lui avait inspiré, il a pensé qu'un secours extraordinaire était indispensable pour remuer en sens divers toutes les âmes en même temps, et alors il a dit : « Faisons venir la Mission. » A cette parole, ses chers coopérateurs ont applaudi, parce qu'avec lui ils ne font qu'un dans le désir de faire le bien ; et les personnes pieuses ont aussi applaudi ; et les indifférents ont craint d'être réveillés de leur engourdissement léthargique ; et les ennemis de la Religion !.... Il n'y en a pas dans ce bon pays si éminemment moral. Naguère, il est vrai, tous ne se rangeaient pas aux jours de fêtes sous les étendards de Jésus-Christ; il y avait des indifférents, il y avait des déserteurs de cette sainte milice ; mais il n'y avait pas d'ennemis.

C'était donc à réchauffer les uns, à ramener les autres, qu'étaient appelés les hommes choisis de Dieu pour le noble apostolat et choisis par M. le Curé pour apporter la bonne nouvelle parmi nous.

Dès les premiers jours, on a pu juger que les quatre Missionnaires venus au milieu de nous réunissaient toutes les qualités désirables. Appartenant au diocèse de Lyon, ils n'ont pas redouté de franchir les montages qui le séparent du nôtre, malgré la saison déjà mauvaise. Mais ces Messieurs ne font-ils pas partie de cette congrégation de prêtres dont le zèle, dans les pays lointains, ne connaît d'autres bornes que celles que le Créateur plaça aux régions glacées, ou aux régions brûlantes.

M. Ballet, supérieur, bien digne par ses lumières, par sa sagesse et sa prudence, de remplir cet emploi honorable. M. Lavaur, que les hommes n'oublieront pas; il était leur ami, avant même d'être leur confident. M. Chatelain dont l'éloquence ne laissait rien à désirer à l'esprit pour le convaincre, au cœur pour le toucher. Enfin, M. de Brand, arrivé du nord de la France pour nous prouver encore que pour le Missionnaire tous les pays sont la terre natale, tous les hommes sont frères ; ce qu'il a manifesté à tous par sa douceur, son aménité vraiment fraternelle. Sans doute les noms de ces Messieurs n'avaient pas besoin d'être tracés ici, la reconnaissance les a imprimés dans nos mémoires ; mais si l'on grave le nom des conquérants de la terre sur l'airain de leurs trophées, pourquoi ne pas inscrire dans un Souvenir de Mission, ceux de ces hommes de Dieu qui furent aussi vainqueurs de cette foule d'ennemis qui ravagent sans relâche notre passagère existence. Ces ennemis implacables sont les passions, et les Missionnaires sont venus les combattre avec ces armes spirituelles qui ne s'émoussent jamais, parce qu'elles sont incessamment retrempées dans la charité et dans la vérité. Tout est vrai dans ce qu'annoncent ces nouveaux Pierre, ces autres Paul ; les Apôtres ne meurent pas dans notre Religion, étonnante et miraculeuse succession que le bon Maître a prédite. Et le ciel et la terre passeront, ses promesses jamais.

Ce fut le dimanche, 20 octobre, que les cloches, animées, ce semble, d'un son plus éclatant, prévinrent les habitants de cette paroisse, que le premier jour des jours favorables avait commencé d'éclairer pour eux. La procession de l'ouverture se dirigea du bourg à la ville ; elle était nombreuse. On put déjà comprendre par la bonne tenue de ceux qui en faisaient partie, que l'ordre et le recueillement seraient, comme ils ont été en effet, les deux caractères distinctifs de cette Mission. Le cantique d'usage :

Accourez, peuple fidèle,
Venez à la mission ;

fut entonné par les prêtres, répété par tout le peuple, qui semblait ainsi se convier lui-même à ces saints exercices, dont la suite non interrompue ramène, comme malgré lui, le pécheur à cette conversion à laquelle Dieu l'appelait depuis long-temps. Le premier discours, prononcé par M. le Supérieur, avait pour sujet ce que c'est qu'une Mission, dans ses causes, dans ses effets. Il détruisit déjà quelques préventions par ce simple exposé des motifs, motifs tous surhumains. C'était Dieu qui, dans sa miséricorde, avait regardé les habitants d'Arlanc et rompu mille obstacles qui s'opposaient à ce que la Mission se donnât aussi promptement ; il espérait qu'aucun de ceux qui l'écoutaient ne laisserait échapper cette grâce, que les effets en seraient avantageux : parole prophétique, comme la suite l'a prouvé.

Après l'instruction, on entonna ce *Parce, Domine, parce populo ;* expression de repentance que le cœur devinerait, s'il ne savait le traduire. La bénédiction du très-saint Sacrement termina cette première journée d'espérance, qui devait être suivie des plus heureuses réalités.

Dès le lendemain, commença : cette suite de discours, de conférences, de gloses, d'examens de conscience, qui, sous différentes formes, présentant tour-à-tour les dogmes et les préceptes de la Religion, font envisager les premiers dans ce qu'ils ont de plus sublime, de plus certain, et les seconds dans ce qu'ils ont d'utile, de consolant, de facile à pratiquer.

Il se faisait un exercice le matin, à six heures, dans l'église du bourg, il était précédé de la Messe ; et terminé par la bénédiction. Jésus-Christ s'immolant pour les pécheurs, Jésus-Christ bénissant jusqu'aux petits enfants, devait obtenir grâce pour tous.

Le chant des cantiques est en usage dans toutes les Missions ; sans lui, elles languiraient. L'homme est né pour l'harmonie; elle pénètre doucement son cœur, le porte à recevoir diverses impressions; celle du repentir, de la reconnaissance, etc. Le premier cantique fut fait par Moïse ; lui et Marie, sa sœur, le chantèrent après être échappés à Pharaon ; David modulait sur son luth, ses regrets et la gloire du Très-Haut ; Judith chanta en rentrant dans Bethulie, les enfants dans la fournaise et l'humble Vierge chez Elisabeth.

Nous n'avons rien à désirer en ce genre aux temps anciens ; les cantiques français sont un recuil d'odes sacrées ; indiqués avec goût, il y en a pour toutes les circonstances. Un nombre considérable de jeunes personnes se présentèrent avec empressement pour former le chœur des chanteuses. On peut dire, à leur louange, qu'elles ne se sont pas ralenties d'un moment, remplissant d'une manière agréable les intervalles, un peu longs sans cela ; choisissant leurs cantiques avec tout l'à-propos convenable : aussi plus d'une fois la foule répéta-t-elle les refrains avec enthousiasme.

A quatre heures du soir, il y avait un second exercice à la paroisse; mais comme l'éloignement de la ville pouvait être un prétexte pour les indécis, et était une raison valable pour les infirmes, les envoyés de celui qui fut chercher près de la piscine le paralytique de trente-huit ans, qui lui dit : « Levez-vous, emportez votre lit, ne péchez plus, » ne voulurent point laisser languir, faute d'une main secourable, ceux pour qui l'Ange avait déjà remué l'eau salutaire. Les mardi, jeudi et dimanche de chaque semaine, il y eut régulièrement une instruction dans l'église des pénitents, et cette confrérie recommandable par son exactitude à assister à toutes les cérémonies religieuses, n'a pas manqué, pendant tout le cours de la Mission, de manifester son louable empressement. Les habitants de la ville ont répondu de même ; tous, sans exception, sont venus entendre les discours de choix qui semblaient leur être réservés. Habiles dispensateurs de la parole divine, ces Messieurs donnent le lait aux petits enfants, le pain des forts aux hommes faits; aussi les discours sur l'immortalité de l'âme, la confession, la foi sans les œuvres, le respect humain et beaucoup d'autres, ont été une semence, qui, chez les uns, a produit de suite cent pour un, et qui ne sera pas perdue pour les autres : nos bons prêtres auront soin d'arracher les épines qui pourraient l'étouffer.

Le second dimanche, on prévint que la première cérémonie de la Mission, l'amende honorable, aurait lieu le mardi suivant; et comme la foule remplissait l'église les jours ordinaires, que pour cela même il y avait, les dimanches, des vêpres pour les femmes et pour les hommes séparément, il fut aussi arrêté qu'il y aurait d'abord une réunion pour les femmes, que celles-ci seraient admises les premières à demander publiquement pardon de leurs offenses, sinon comme les plus coupables, du moins comme toujours les plus empressées à manifester leurs sentiments; et que le soir, les hommes, à leur tour, seraient appelés par le Père de famille, qui paie la dernière heure de travail de toute sa générosité paternelle.

Avant le point du jour, le temple était occupé

par d'humbles Magdeleines, par des Marthes empressées, qui, le flambeau à la main, symbole de leur brûlant amour, venaient en renouveler le témoignage à Jésus-Christ, et gémir en même temps des fautes dont elles furent coupables envers lui.

Un autel avait été élevé au fond de l'église, afin que, de ce tabernacle nouveau, dans lequel il n'avait jamais reçu d'outrage, Dieu fût plus disposé à pardonner. Le très-saint Sacrement fut pompeusement porté par notre vénérable pasteur qui, l'ayant déposé avec respect, se prosterna ensuite devant lui, et fit entendre des paroles de repentir qui convenaient bien plus à son troupeau qu'à lui-même. Animé en ce moment de cette charité qui fit mourir un Dieu sur le Calvaire, qui faisait souhaiter à saint Paul d'être anathême pour tous, il se serait sacrifié en ce moment pour sa paroisse, si ce sacrifice eût obtenu pardon et miséricorde. A en juger par l'expression de sensibilité qui éclatait de toutes parts, ce généreux dévouement avait produit une vive impression. Le cantique

Mon Dieu, mon cœur touché
D'avoir péché,
Demande grâce;
Joins à tous tes bienfaits
L'oubli de mes forfaits :

l'augmenta encore. Si dans ce moment des voix

trop timides ne le redirent pas, il fut répété dans tous les cœurs attendris :

Pardon, mon Dieu, pardon ;
N'es-tu pas un Dieu bon?

La cérémonie du soir fut peut-être encore plus touchante. L'homme imprime à tout ce qu'il fait un sceau solennel, qui ne se trouve jamais au pouvoir de sa compagne ; à elle la sensibilité, les émotions vives ; à lui la majesté et les émotions profondes. Celle que produisit l'amende honorable fut de ce nombre; tous, un flambeau à la main, emblème pour eux de cette foi que le souffle des passions avait éteinte chez plusieurs, mais que la grâce rallumait en ce moment pour toujours, jurèrent à Jésus-Christ de ne plus marcher désormais qu'à la lueur de sa divine lumière.

La fête de la Toussaint, qui approchait, fut indiquée pour la première communion générale des femmes : il fallait bien un premier festin pour les fidèles épouses de Jésus, pour celles qui font leurs délices de vivre de lui et pour lui. Cette troupe choisie devait être édifiante et le fut en effet : quinze cents femmes communièrent ce jour-là avec un ordre que ces Messieurs surent rendre admirable : un cordon régnait autour de l'église, duquel chaque personne, en quittant sa place au moment fixé, faisait partie à son tour ; elle arrivait ainsi recueillie et en silence à la sainte table, se relevait, reprenait son rang et bientôt se retrouvait au lieu d'où elle était partie.

Si le bruit et le désordre nuisent au recueillement, le bon ordre et le silence y portent l'âme tout naturellement. Celui de cette réunion fut parfait, et dans ce moment de calme et de ferveur, quelles prières ardentes ne furent point adressées par ces autres Monique, pour la conversion des Augustin et des Patrice !

A vêpres, M. Lavaur prêcha sur la sainteté, et ce qu'il fallait faire pour parvenir à cette gloire dont jouissent les Saints. Interpellant alors son auditoire, au sujet des différentes demeures qui sont dans le ciel, il dit : Aspirez-vous à être placés parmi les confesseurs, vous qui ne parlez jamais de Jésus-Christ, qui rougiriez peut-être de prononcer son nom ; vous dont la bouche, au lieu de s'ouvrir pour louer le Seigneur, ne fait entendre que des paroles inutiles, tout au moins? Les martyrs vous reconnaîtront-ils pour être des leurs, vous dont la vie molle et sensuelle est si fort en opposition avec celle de ces courageux athlètes qui souffrirent la faim, la soif, le fer, le feu, la mort même, pour rendre témoignage à leur Religion ? Croyez-vous être admises parmi ces femmes fortes dont le sage décrivait le modèle, ces Paule, ces Félicité, ces Symphorose, cette mère des Machabées; plus près de nous, Blanche de Castille, mère de saint Louis, vous, mères de famille, qui passez votre vie dans de frivoles occupations, au lieu d'élever chrétiennement ces enfants, dépôt précieux que le Seigneur remit entre vos mains et dont il vous demandera un compte rigoureux? Et vous, jeunes personnes qu'une mort prématurée viendra peut-être bientôt surprendre au milieu des plaisirs qui charment vos cœurs, irez-vous ceindre cette couronne de lis avec les Agnès, les Eulalie, les Elisabeth de France? vivez-vous comme elles dans la modestie? sous l'œil de vos mères, dans le secret de vos maisons? fuyez-vous le monde et ses dangers? Sans cela ne comptez pas être reçues au nombre des épouses de l'Agneau sans tache. Ce jour de la Toussaint, tout consacré à une pieuse allégresse, puisqu'il est de la charité de nous réjouir du bonheur de nos frères, allait être remplacé par celui où la charité s'exerce d'une manière plus spéciale. *Novembre allait compter sa seconde journée* : ce jour sombre et lugubre, où la nature elle-même semble se mettre en rapport avec la tristesse universelle, était commencé dès la veille par les prières de l'Église et le son plaintif des cloches; chacun croyait entendre une voix chérie lui dire : « Ayez pitié de moi, vous au moins qui fûtes mon ami. »

Le Christianisme, qui sut comprendre tous les besoins de l'homme, qui établit des fêtes pour toutes les grandes époques de sa vie, le convie encore à une autre fête au-delà du tombeau, pour le conduire ensuite brillant et pur dans le sein de son Créateur.

Monsieur le Supérieur, pénétré de toutes ces institutions, annonça pour le lendemain, une procession qui se dirigerait vers le dernier asile des mortels; il n'eut pas besoin de presser, d'engager d'être exact au rendez-vous; qui n'a pas perdu un frère, un ami tout au moins? Ce jour-là, personne n'a besoin d'être appelé à l'église; aussi jamais n'avait-elle contenu plus de monde. Après la grand-messe, M. Chatelain fit entendre son éloquente voix sur les peines du purgatoire; il en établit l'existence sur la tradition de l'ancien testament, le témoignage des saints pères, la foi constante et perpétuelle de l'Église. Il rapporta le désir exprimé par sainte Monique à saint Augustin, afin qu'on fît mémoire d'elle à l'autel du Seigneur; la prière de ce grand Saint pour les auteurs de ses jours: prenant occasion de là, de relever l'excellence du culte catholique au-dessus des froides croyances des protestants: « Voyez, dit-il, le convoi d'un père de famille d'une secte dissidente; ses amis, ses enfants l'accompagnent, le silence sur les lèvres, et bientôt l'oubli dans le cœur.

Il n'en est pas ainsi parmi nous, les liens qui unissent pendant la vie ne se brisent point à la mort. Qu'il est consolant pour une tendre fille agenouillée sur la tombe de sa mère, de lui rendre encore par ses prières, ces témoignages d'amour qu'elle lui prodiguait pendant sa vie! L'épouse qui partagea constamment les peines et les trvaux de celui à qui elle avait consacré toute son existence, associe encore à toutes ses bonnes œuvres, cette moitié d'elle-même, et charme ainsi cette cruelle, mais momentanée séparation. Où cette mère éplorée trouverait-elle un soulagement à son inconcevable douleur, si elle ne pouvait mêler pour son fils chéri quelques prières à ses sanglots »

L'AUDITOIRE FONDAIT EN LARMES.

Cependant, une pluie abondante qui était tombée toute la nuit et semblait en harmonie avec la disposition de tous les esprits, fut remplacée tout-à-coup par un soleil brillant; c'était comme un rayon de cette espérance divine que le prédicateur venait de faire pénétrer dans tous les cœurs à travers le sombre deuil dans lequel ils étaient comme ensevelis.

M. le Supérieur, toujours attentif, conseilla aux personnes trop émues de ne point faire partie de ce cortège gravement religieux qui s'acheminait vers ce lieu funèbre, où les prières seules de l'Église ont le droit d'interrompre le silence de la mort, et d'où doit s'éloigner la douleur trop expansive. Arrivés dans cette enceinte où les plus brillantes illusions disparaissent sous les voiles funéraires, un second discours fut prononcé par M. Lavaur en analogie avec le lieu et la circonstance; il attendrit de nouveau les fidèles, les larmes mouillèrent les tombes chéries et les prières s'élevèrent jusqu'au ciel.

Les exercices des jours suivants ressemblèrent à ceux qui les avaient précédés. Mais le concours augmentait sensiblement, tout s'ébranlait, les corps, les âmes; les paroisses voisines accouraient, les confessionaux s'encombraient; ces Messieurs jugèrent urgent de s'adjoindre quelques ecclésiastiques de bonne volonté; Messieurs les Curés de Viverols et de Saint-Bonnet, Monsieur le Vicaire de Dore vinrent remplir, à la satisfaction de tous, les fonctions de Missionnaires et le furent en effet par le zèle qui les anime et la confiance qu'ils obtinrent. Celle qui a constamment entouré M. Blanc et M. Bonie était le prix mérité de ce dévouement qui depuis long-temps leur a acquis l'estime et l'affection générale, et qui dans cette circonstance, loin de se relentir, leur a fait plusieurs fois sacrifier jusqu'au repos de la nuit. Bientôt on ne parla que de conversions, on ne vit que des convertis.

Ces sourdes clameurs qui s'étaient fait entendre avant la Mission, étaient plus qu'étouffées par un *Alleluia* général.

Le dimanche après la Toussaint, M. Chatelain donna aux vêpres des femmes, un discours ayant pour texte ces paroles de Job : *Je sais que je ressusciterai un jour dans ma propre chair; que mes yeux verront mon Rédempteur.*

En rapport avec un auditoire composé de ce sexe pieux et sensible, qui a souvent besoin de vivre dans l'avenir pour supporter les peines présentes; l'espérance d'une autre vie est nécessaire à la fille qui a perdu sa mère, à l'épouse qui a perdu son époux, à la mère surtout qui ne doit plus revoir son fils que dans l'éternité. Qu'il fut consolant, lorsqu'il disait qu'on les reverrait, ces êtres chéris pour ne les plus quitter jamais; que le souvenir d'une déchirante agonie ne viendrait plus effrayer cette imagination et trop vive et trop tendre; que tant de peines ensevelies maintenant dans le tombeau, étaient une semence qui, au jour de la résurrection générale, produirait une abondance de fleurs et de fruits pour la moisson du père de famille! Que ces fronts couverts aujourd'hui d'un voile de douleur seraient ornés d'une auréole de gloire; que ces pieds qui ne marchèrent jamais que dans les sentiers de la justice, auraient l'agilité des anges; que ces oreilles toujours fermées aux discours de la médisance et ouvertes aux accents du malheur, entendraient incessamment les harmonies célestes! Que ces mains laborieuses qui comme celles de la femme forte emploieront la laine et le lin et s'ouvriront avec largesse dans le sein des infortunés, recevraient une palme immortelle! Que cette bouche qui ne s'ouvrit que pour épancher des paroles de paix et prier le Seigneur, chantera à jamais ses louanges!

La retraite donnée la semaine suivante, partie au bourg, partie à la ville, fut un nouveau moyen employé avec succès; les habitants de la campagne laissèrent quelques jours reposer leur charrue; gens pleins de foi, ils disaient dans leur simplicité touchante: le bon Dieu ne compte pas avec nous; c'est bien lui qui donne le temps et tout le reste; nous n'aurons pas toujours la Mission, il faut en profiter. Elle n'en a pas moins profité cette classe que Jésus-Christ adopta pour la sienne, si intéressante lorsqu'elle est bien dirigée. Les ouvriers de tous métiers ont montré un empressement, une assiduité que la bourgeoisie aurait pu s'honorer de suivre, si elle-même n'eût manifesté ses bons sentiments à cet égard.

Les hommes qui méritaient déjà l'estime publique par leur âge et leur caractère honorable, ceux qui par leurs emplois captivent la confiance générale, sont venus franchement se reconnaître pour Chrétiens ; et qu'ils ne s'y trompent point, ce *vox populi* dont tout homme doit être jaloux, ne s'accorde qu'à celui qui peut y joindre la voix de Dieu.

Les instrutions se multipliaient à proportion des fruits qu'elles semblaient produire ; on en eut jusqu'à cinq dans un seul jour : ainsi le père de famille redouble son travail et ne compte pour rien ses sueurs, lorsque la moisson est mûre et abondante. Le jour où les bons Missionnaires allaient être indemnisés de leurs travaux apostoliques approchait, la seconde communion générale des femmes ; celle des hommes devait être surtout le prix de leurs labeurs : ils n'en veulent point d'autre.

Le jeudi 14 novembre fut fixé pour la communion des femmes, celle des hommes pour le dimanche suivant. Celle des femmes devait être suivie de la consécration à Marie; délicatesse exquise, qui ne voulut présenter à Marie que des cœurs tout à Jésus. A ce mot de Consécration à Marie, toutes ses fidèles et dévouées servantes, répondant à l'appel de ces Messieurs, se mirent à l'œuvre pour élever et embellir un autel à celle qui, dans les cieux, est sur un trône de candeur.

Le milieu du chœur fut choisi pour son emplacement; sa forme était élégante, des colonnes blanches ornées de fleurs bleues, surmontées d'un dôme gracieux entouré de plumes et de guirlandes toujours bleues et blanches, couleurs symboliques de la virginité et de la modestie. Un nombre infini de flambeaux, offerts par la générosité des dames d'Arlanc, devait brûler sans interruption devant l'image de Marie, qui, placée au milieu de l'autel, ayant à la main une belle brande-lis, parce qu'elle fut entre les filles d'Adam, comme le lis entre les épines : *Lilium inter spinas,* semblait déjà dire à toutes les personnes qui lui montraient leur amour empressé : « Je chéris ceux qui m'aiment, et ceux qui me cherchent avec soin me trouveront. » (*Prov.*)

La seconde communion des femmes fut empreinte du même sceau que la première, mais plus nombreuse, puisqu'on en compta quatre mille : son recueillement fut encore plus édifiant. Elle a pu s'appeler une communion générale, en effet, puisqu'il paraît que dans toute la paroisse on ne trouverait pas une femme qui ne se fût rendue digne d'être admise à cette fête de famille. On disait après la Mission d'Ambert, qu'il n'y avait pas eu plus de dix femmes qui n'eussent pas fait leur Mission ; à Arlanc, poins de brebis rebelles ; toutes sont rentrées dant le bercail.

Honneur, paix et joie sainte à tontes.

Les femmes étrangères venues de loin, obtinrent la permission de passer la nuit dans l'église ; on aurait dit celle du Saint-Sépulcre, à Jérusalem, où, à la fête de Pâques, tous les Chrétiens d'Orient qui s'y réunissent, veillent et prient en attendant le jour de la résurrection.

L'église, occupée pendant la nuit par les étrangères et par les dames qui achevaient l'autel de Marie, fut entièrement remplie dès l'aube matinale ; les plus tardives restèrent en dehors, il y en avait bien au moins mille de ce nombre ; mais, grâce à leur patience et à l'ordre établi, toutes, à leur tour, entraient par la grande porte, tandis que celles qui avaient déjà été admises à la sainte table, sortaient par la petite, se prosternaient incontinent dans la rue avec le même respect que les anges dans les parvis célestes ; elles adoraient le même Dieu.

Un Missionnaire, au milieu de cette troupe fervente, faisait des prières à haute voix auxquelles elles répondaient à voix basse.

La cérémonie du soir, ainsi précédée, devait être touchante ; elle le fut autant que possible. M. le Curé, interprête fidèle des sentiments de son auditoire, le consacra à la très-sainte Vierge, après s'y être consacré lui-même. Toutes les fois que sa voix a été entendue dans le cours de la Mission, il a pu juger combien elle était chère à ceux qui l'écoutaient.

Un discours sur les grandeurs de Marie, des cantiques en son honneur, la bénédiction du saint Sacrement, toutes les grâces réunies, le jour consacré à celle qui en est la dispensatrice!

Le lendemain, vendredi, et le samedi, jours préparatoires à la communion des hommes, les femmes semblaient à peine oser venir à l'église; elles auraint voulu, à leur place, y voir leurs pères, leurs mères, leurs fils : soyez satisfaites, bonnes chrétiennes, voyez-les tous aux pieds de leur Ananie; bientôt ils seront aussi purs, aussi pieux que vous.

Le dimanche 17 novembre 1839, jour à jamais mémorable, dont la date sera précieuse, trois mille hommes se trouvèrent réunis, réunis par la même croyance et pour le même but ; il faut avoir été témoin de cette imposante assemblée, il faut même en avoir fait partie pour rendre tout ce que cette communion générale, la plus nombreuse, sans doute, que vit cette église, eut de solennel ! Comme le front de l'homme est beau et majestueux lorsqu'il est découvert dans nos temples ! comme il mérite une couronne de gloire, alors qu'il s'abaisse devant son Créateur ! Tous l'auront un jour cette couronne immortelle que leur mérite leur retour généreux ou leur constante fidélité à la foi de leurs pères. Ils ne se détourneront jamais de la voie sûre qui mène à la patrie. N'ont-ils pas chanté ce cantique, paraphrase du psaume 83 du saint Roi pénitent, qui connut les fausses joies du pécheur et les douces larmes de la pénitence :

> Qu'ils sont aimés, grand Dieu, tes tabernacles,
> Qu'ils sont aimés et chéris de nos cœurs !
> . . . .
> Un seul instant qu'on passe dans ton temple,
> Vaut mieux qu'un siècle aux palais des mortels.

Et celui-ci :

> Je l'ai juré, je te serai fidèle,
> Je te promets un éternel amour.
> Si trop long-temps mon cœur te fut rebelle,
> Je te le donne aujourd'hui sans retour.

De si beaux sentiments seront durables. Plusieurs se sont écriés qu'ils n'échangeraient pas le calme de leur conscience et le bonheur ineffable dont ils jouissent maintenant pour tous les trésors de la terre.

Le jour de la communion des hommes, M. Ballet, qui n'oubliait personne, voulut jusqu'à la fin, rompre à tous le pain de la parole divine; il fut à l'église des pénitents, où les femmes s'étaient rendues. Là il célébra la messe, et après l'évangile, sur les marches de l'autel, avec l'abandon et la bonté d'un père de famille, il dit : J'ai été envoyé aux brebis égarées de la maison d'Israël. Ainsi parlait de lui le bon Pasteur; ainsi pouvait parler celui qui l'avait imité pour nous, et qui sans fiel et sans amertume demanda quels étaient donc les effets de cette Mission si redoutée? les mêmes que Jésus-Christ annonçait aux disciples de Jean : Allez dire à votre maître que les aveugles voient, que les boiteux marchent, que les morts ressuscitent, que la bonne nouvelle est annoncée à tous, et voici ce que la Mission a produit au milieu de vous.

Les miracles que le fils de Dieu opérait sur les corps, ses ministres les opèrent sur les âmes. Allez voir maintenant tous ces hommes atteints naguère de diverses infirmités spirituelles ; tous croient les vérités de la Religion, et alors leur cécité a disparu ; tous marchent dans les voies du salut, les morts à la grâce sont ressuscités, la bonne nouvelle est donc venue parmi vous.

Voici les effets d'une Mission qui n'a point d'autre but. Si quelques-uns avaient pu joindre à ce motif si élevé des idées étrangères, ils doivent être désabusés. Disons comme notre Seigneur, laissons aux morts le soin d'ensevelir leurs morts; et nous, vivants de la grâce, conservons par nos bonnes œuvres une vie si précieuse, qui nous mènera à celle où nous jouirons de Dieu.

Un mois d'exercices donnés avec zèle et talent, suivis avec exactitude, avaient donc produit la moisson qu'étaient venus récolter les ouvriers évangéliques. Un appel aux jeunes personnes, pour former une association en l'honneur de la sainte Vierge, les avait trouvées toutes disposées à en faire partie; cent quatre-vingts se firent inscrire le même jour; leurs cœurs avaient tressailli dans l'espérance d'être adoptées par Marie, pour ses enfants privilégiés ; leur empressement fait augurer qu'elles se rendront dignes de cette faveur signalée.

Une invitation faite aux dames pour établir

des secours à domicile avait aussi eu du succès. M. Ballet, dans un beau et bon sermon sur le ciel, et dans des actions de grâce rendues aux âmes ferventes, qui avaient contribué par leurs prières aux succès de la Mission ; dans des actions de grâces aux pécheurs convertis, sur la satisfaction que leur retour à Dieu leur avait procurée ; dans des actions de grâces à ceux même qui n'avaient pas profité pour le moment de leurs avis, de leurs conseils, mais qui étaient venus les écouter avec bienveillance, venait en quelque sorte de faire ce qu'on appelle les adieux..... c'était en effet les adieux.

Cependant, deux cérémonies essentielles étaient encore l'attente et le vœu général : et d'abord, la Confirmation. Les grâces attachées aux Sacrements de Pénitence et d'Eucharistie avaient pénétré, il est vrai, tous les cœurs de repentir et d'amour ; mais l'homme est faible, trop souvent ses regrets diminuent, son amour se ralentit ; quelquefois même ses passions se réveillent. Celui qui connut tous nos besoins, Jésus, dit à ses disciples : Il faut que je vous quitte, afin de vous envoyer le consolateur, Esprit de force, d'onction et de vie, qui ne descend maintenant dans l'âme du fidèle qu'à la voix de son premier Pasteur. Celui que le Seigneur donna dans sa miséricorde à notre diocèse, qui retrace toutes les vertus de ses saints prédécesseurs, Monseigneur l'Évêque eût été accuilli à Arlanc avec joie et vénération ; sa présence eût fortifié les uns, encouragé les autres, satisfait tout le monde. Mais le glorieux *Te Deum*, sous ce rapport, devait être incomplet ; il devait l'être aussi pour cette autre cérémonie qui termine toujours une Mission ; elle était depuis plusieurs jours l'objet de tous les désirs. Ce désir si naturel, si vif après avoir gagné sa Mission, était de rendre un hommage public à la Croix, de porter en triomphe le signe salutaire de la Rédemption, de se ranger en masse sous son égide sacrée et de braver ainsi les efforts de l'enfer. Consternés, tous les genoux eussent fléchi devant elle ; pas un signe d'improbation n'eût troublé le chant de vive Jésus, vive sa Croix.

L'allégresse eût été universelle et pourtant on ne plantera point de croix.

Envain une pieuse dame, toujours disposée aux bonnes œuvres, a-t-elle offert une croix ; envain un bon paroissien a-t-il proposé un emplacement entre le bourg et la ville, d'où l'auguste signe de la Rédemption aurait béni constamment l'un et l'autre.

On ne plantera point de Croix.

Les Israëlites, en passant le Jourdain, élevèrent un autel de pierre au milieu de ce fleuve; ils en élevèrent un autre en Galgala, après avoir traversé le même fleuve; ils voulurent que leurs enfants n'oubliassent jamais les bienfaits dont Dieu avait comblé leurs pères, et chaque tribu apporta la pierre du souvenir; de même ici, s'il eût été permis, chaque famille, chaque personne, serait venue porter un hommage à la Croix.

Bons habitants d'Arlanc, si elle ne peut être plantée sur votre territoire, qu'elle le soit à jamais dans vos cœurs.

FIN.

www.ingramcontent.com/pod-product-compliance
Ingram Content Group UK Ltd.
Pitfield, Milton Keynes, MK11 3LW, UK
UKHW022203190726
13855UKWH00004B/1606